Versos dos Sonhos

Catalogação na Fonte
Elaborado por: Josefina A. S. Guedes
Bibliotecária CRB 9/870

V564	Versos dos sonhos
m2019	Clenio Iago ... [et al.].
	1. ed. - Curitiba: Appris, 2019.
	149 p. : il. ; 21 cm

Inclui bibliografias
ISBN 978-85-473-2871-9

1. Poesia brasileira. I. Lago, Clenio ... [et al.], org. I. Título.

CDD – 869.1

Editora e Livraria Appris Ltda.
Av. Manoel Ribas, 2265 – Mercês
Curitiba/PR – CEP: 80810-002
Tel: (41) 3156 - 4731
www.editoraappris.com.br

Printed in Brazil
Impresso no Brasil

Clenio Iago
Elino da Silva
Janete Graciolla
Luiz Santana
Marcelo Bonadeu
Maria Inêz Frozza Borges dos Santos

Versos dos Sonhos

Appris
editora

Editora Appris Ltda.
1.ª Edição - Copyright© 2019 dos autores
Direitos de Edição Reservados à Editora Appris Ltda.

Nenhuma parte desta obra poderá ser utilizada indevidamente, sem estar de acordo com a Lei nº 9.610/98. Se incorreções forem encontradas, serão de exclusiva responsabilidade de seus organizadores. Foi realizado o Depósito Legal na Fundação Biblioteca Nacional, de acordo com as Leis nos 10.994, de 14/12/2004, e 12.192, de 14/01/2010.

FICHA TÉCNICA

EDITORIAL	Augusto V. de A. Coelho
	Marli Caetano
	Sara C. de Andrade Coelho
COMITÊ EDITORIAL	Andréa Barbosa Gouveia (UFPR)
	Jacques de Lima Ferreira (UP)
	Marilda Aparecida Behrens (PUCPR)
	Ana El Achkar (UNIVERSO/RJ)
	Conrado Moreira Mendes (PUC-MG)
	Eliete Correia dos Santos (UEPB)
	Fabiano Santos (UERJ/IESP)
	Francinete Fernandes de Sousa (UEPB)
	Francisco Carlos Duarte (PUCPR)
	Francisco de Assis (Fiam-Faam, SP, Brasil)
	Juliana Reichert Assunção Tonelli (UEL)
	Maria Aparecida Barbosa (USP)
	Maria Helena Zamora (PUC-Rio)
	Maria Margarida de Andrade (Umack)
	Roque Ismael da Costa Güllich (UFFS)
	Toni Reis (UFPR)
	Valdomiro de Oliveira (UFPR)
	Valério Brusamolin (IFPR)
ASSESSORIA EDITORIAL	Isabela do Vale Poncio
REVISÃO	Andrea Bassoto Gatto
PRODUÇÃO EDITORIAL	Bruno Ferreira Nascimento
ASSISTÊNCIA DE EDIÇÃO	Suzana vd Tempel
DIAGRAMAÇÃO	Thamires Santos
CAPA	Laís Carniatto
COMUNICAÇÃO	Carlos Eduardo Pereira
	Débora Nazário
	Karla Pipolo Olegário
LIVRARIAS E EVENTOS	Estevão Misael
GERÊNCIA DE FINANÇAS	Selma Maria Fernandes do Valle

A todos que acreditam na vida e por isso detectam a beleza das pequenas coisas na poesia da existência.

APRESENTAÇÃO

Esta obra reúne pensamentos, reflexões e sonhos de seis poetas que pensam no colorido da vida, que buscam realizar seus sonhos e viver plenamente o momento presente. Há um novo olhar em cada palavra, em cada expressão. Também um misto de alegrias e tristezas, um ir e vir em busca do prazer de viver. A poesia não se explica. Ela é a latente fonte que jorra do coração e da alma, a singeleza do belo, do infinito, do finito e inigualável, mas transcendente espírito de humanidade, quando todos nós nos encontramos em frente ao espelho.

As poesias de Janete Graciolla traduzem a simplicidade das coisas belas da vida, com muita doçura e encantamento.

As palavras do Elino da Silva retratam emoções contidas, sentidas e vivenciadas, que refletem a essência da alma humana.

Na escrita de Luiz Santana percebe-se o inatingível da perfeição, a presença divina que ilumina os caminhos.

Clenio Lago desperta sentimentos ocultos, pensamentos e ações do cotidiano, sendo visto por um ângulo diferenciado. Traz a leveza do instante e o traçado da culpa exaurida nas letras conectadas, demonstrando a possibilidade de desconexão.

Os poemas de Maria Inêz Frozza Borges dos Santos retratam emoções que eclodiram após a vivência de muitas lutas internas na desconstrução do complexo ato de viver.

Marcelo Bonadeu expressa suas vontades pelas palavras como expurgação de pecados entre o desejo e o proibido, o santo e o profano.

A realização da coletânea disponibiliza aos leitores as mais variadas possibilidades de formas diferentes de entendimento, reflexão ou, simplesmente, um arejar à mente do estresse cotidiano. Ao dedicar um tempo para a leitura sem a pretensão de descobrir o que o autor quis dizer, leva à leveza de descobrir a beleza das palavras por trás das letras, invocando o limiar da saudade, do amor, da esperança, das expectativas, das realizações, dos tropeços, avanços e recuos necessários para se seguir em frente.

Gratidão pela oportunidade de ser parte de sua vida.

Boa leitura e ótima caminhada rumo ao infinito das suas emoções.

Os autores.

SUMÁRIO

Luiz Felipe M. Santana.....................11

Elino da Silva....................31

Janete Graciolla....................53

Maria Inêz Frozza Borges dos Santos....................79

Marcelo Bonadeu....................103

Clenio Lago....................123

Luiz Felipe M. Santana

Psicólogo e poeta por vocação.

Deixo-lhes o seguinte trecho como forma de introdução:

"Tudo o que temos de decidir é o que fazer com o tempo que nos é dado".

Complementando as palavras do Mago Cinzento do universo fantástico de J.R.R. Tolkien: é um prazer compartilhar a presente época com todos vocês, junto de alguns sonhos!

Muito obrigado!

IDEIAS

Uma, duas três...Fugiu outra;
Perdi uma;
Expus algumas a vocês...
Escrevo antes que perco
Mais uma delas de vez.

Pensei nelas em uma
Duas; ou até uma terceira vez
Joguei muitas fora...
Pra fora de mim.

Expressas em forma (palavras)
Três!
São elas que exponho a vocês.

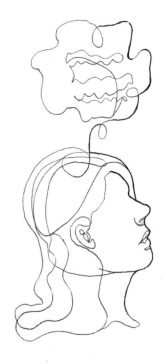

LIBERTE-SE

Cerra os grilhões de teus olhos,
Tire as vendas que cegam tuas mãos
Lança fora as botas que sufocam teus pés
Quebre as correntes que selam teus dentes
Que afugentam tuas palavras!

Permita-se adubar esse coração pesado de chumbo
Fazendo dele uma árvore de frutos
Carregado de desejos, sonhos e lampejos
De paixões da cor da alva
Amores da mais fina prata
E verás que tens um diamante.

Que seja altivo teu semblante
Diante da forte tormenta
Que ecoe o som da trombeta
Que anuncia tua liberdade!

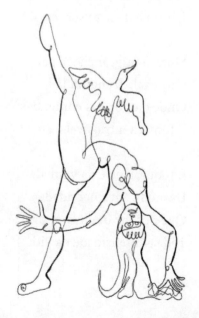

INTENSAS EXISTÊNCIAS

Ouça, ainda existe canto
Ecoa por todo canto
Mas pela falta de encanto
Só ouvimos o que queremos.

Veja, ainda existe beleza
Reflete em toda existência
Mas o colírio da tristeza
Faz-nos ver apenas feiura.

Prove, o sabor e a doçura
Dos momentos sublimes da vida
Sempre tem amargura
Porém o doce se sobressai.

Sinta, a fragrância da paz
Que exala tranquilidade
Onde o odor das contendas
É fumaça intragável.

E toque, a pele da verdade
Desnuda em sinceridade
Que nos faz ouvir, ver, provar e sentir
Toda a intensidade da vida.

VOAR E CANTAR

Pássaro...
Corre passeios sem passos
Abraça o mundo sem braços
Deita-se nos ventos com suas plumagens
Sem tuas asas seria escravo.

Navegante do mar de nuvens
Veleja, almeja o intocável
Inspira o pobre bardo
Com teu canto louvável.

Quem dera poder voar
Assim como fazem os pássaros
E quando estiver distante
Voltar em voos rasantes
Pra junto de quem me faz cantar.

FILHO DA ETERNIDADE

Já não tenho mais Medo.
Medo do erro
Nem do resultado do acerto.

Já não tenho medo do futuro.
De pular nem olhar através do muro.

Porque até então não existe muro nenhum
Enxergo longe
Como a luz que permeia a escuridão
Não existe o muro do medo
Contemplo apenas a imensidão.

Isso não quer dizer que o medo não exista.
O que digo é que não sou mais refém de tal sentimento
Somos conhecidos
Não mais companheiros
Daqueles que se cumprimentam de vista.

Quando ele vem de longe
Reconheço o sotaque de turista
Não traz nada mais que lembranças...
Hoje tenho outras companhias
E uma delas é uma tal de Esperança.

O SOL, O VENTO E A CHUVA

Vento, vento, vento
Que semana...
O céu cinzento
Coroando o firmamento
E às vezes dizendo:
Vai chover.

Chove, para, chove
Passa a nuvem que esconde
O lindo sol no horizonte
Mandando luz com um rasante
Aparecendo em um instante
Dizendo às vezes:
Voltei pra te ver.

O Sol, o Vento, e a Chuva
Brincando juntos que nem criança
Mostrando o Arco da Aliança
Em várias cores de esperança
Só pra dizer:
Vai ficar tudo bem.

A BALANÇA

Vejo muitas balanças.
A maioria mal regulada,
Adulterada;
Em outras palavras:
Estão desbalanceadas.

O que permanece são as perguntas:
Quando foi que o peso do ouro
Passou a ser maior
Que o peso da Verdade?

Quando foi que a moral
Passou a viver debaixo dos pés
Da vaidade?

Pobre do homem
Que em uma dessas faz suas medidas
Pois a balança é só uma sombra
Referente ao próprio coração.

DIAS E DIAS

Tem dias em que eu escrevo muito
E dias que não escrevo nada.

Dias que as palavras sobram...
Dias que as palavras faltam.

Dias em que eu quero mergulhar e nadar.
Outros em que me basto em molhar os pés no raso do mar.

Dias azuis e outros cinza...
De esboçar sorrisos
Ou evitar o riso.

Dias de pensar, refletir...
De ir e vir
Aparecer e sumir.

Amar...
Amarrar.

Dias de derribar
Edificar.

E dias de perder o chão
Também são dias de voar.

Todos completos
Suficientes.
Em todos os aspectos
São dias surpreendentes.

AVE DE MINERVA

Rumo ao sol poente;
O silêncio das vozes
O inspirar excitante
Esses notáveis instantes
Antecedem o último aceno do sol.

Uma área ampla
Cercada de intencionalidade
Dentro do domínio do tempo
Marcada desde primeiro facho de luz.

E se inicia a viagem!
Com o ato do jovem generoso
Que toma a mão da menina Sophia
Juntos alçam voo.

Contemplam a paisagem
Não mais obscurecida.
De tudo o que se conhece
Anseiam pela próxima canção
Rumo ao amanhecer.

FAROL

Já velejei por todos os mares
Vi e ouvi muito dos males
Que devoram a esperança
Daqueles que não podem remar.

Vi de longe os vales
Onde constroem seus lares
Aqueles que anseiam por certezas
Em ondas que não podem quebrar.

Voei alto nos céus
Transpus com o rosto o véu
De um mundo em náufrago
Que há muito rachou o casco.

Já velejei por todos os mares
Céus, montanhas e vales;
E se pude retornar com êxito
De fato, foi por apreço
Ao Farol que tem me guiado.

LOUCURA

Dizem que sou louco...
Por andar por aí
Despreocupado,
De mãos dadas com a loucura.

Mas quão louco é o outro?
Que mantém relações com a insanidade
Mas não expõe ao brilho do sol
Tamanha paixão.

Desventurado o homem
Que procede de tal forma
Espera por uma reforma
Que só vem por suas mãos.

Se dizem que sou louco
Ao menos sou um louco feliz
Pois colhi do bom e do mau fruto
De toda obra que fiz.

LER E ESCREVER

A vida é um aprendizado
Um doce e amargo aprendizado...

Só aprendemos a ler
A partir de quando sabemos escrever.

Escrevemos a partir de nossas experiências;
Escrevemos nossas decisões
Baseados na escolha que não se passou a borracha.

Escrever se torna um hábito
Tanto os bons quantos os maus hábitos...

De tanto que escrevemos aprendemos a ler;
Aprendemos a ler o mundo e as situações a nossa volta;
Eu pretendo continuar escrevendo...
E você?

QUIÇÁ

O acaso não faz arte.
Não conversa
Não se expressa
Com lentidão ou pressa
Não esboçou um sorriso
E do mesmo não faz parte.

O acaso não tem força
Não esculpiu os montes e vales
Não vestiu as montanhas de neve
Nem teceu os cabelos da moça
Ou despiu no inverno as árvores.

O acaso não faz arte.
Não fala, não ouve e não vê
Não confirma aquilo que crê
Não trabalhou na matemática da música
Nem modelou o corpo da musa
E não sente amor por você.

Fazer atribuições ao acaso
Não o torna uma verdade
Não existe nem na arte
Pobre acaso...
É só mais um caso à parte.

PRÍNCIPE

Talvez ele ainda viva
No âmago do animus;
Sua voz ecoa fraca
Escoa pelas paredes ocas
De um coração pulsante de carne.

Talvez ele esteja morto
Nunca viveu, nunca teve corpo
Criado por conveniência
De uma sombra voraz e insatisfeita.

Se for provada sua existência
Não será por mim ou semelhante
Mas por quem contemplou a face desnuda
Da cidadela do príncipe sem nome.

SE EU PARAR DE ESCREVER

Se eu parar de escrever
Considere-me morto
Não na mortalidade do corpo
Mas na ausência do ser.

Repito, se eu parar de escrever
É sinal de que há muito estou longe
Não me agrada a ideia de morrer
Mas meu tinteiro já está quase vazio.

Então, uma última vez eu lhe digo
Se fores mesmo amigo
Não venha me procurar
Porque se eu parar de escrever
É nos versos que vais me encontrar.

TRANSCENDÊNCIA

Acordei em uma sublime realidade
E procurei em minha volta
Vi poesia, vi verdades
Estava em uma praia infinita
Longe da fauna e flora urbana.

Fiz morada na calmaria
Dei um descanso aos meus ouvidos
E uma tarefa aos meus pés aflitos
Usei do embalo do vento
Pra dançar com a areia salubre.

Em meio ao exímio exílio
Esculpi o desejo no meu corpo
Algo negligenciando há tempos
E parti em uma incerta jornada
Buscando transcender da incapacidade de amar.

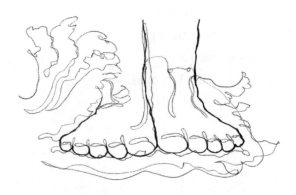

INTERVALO

Nem tudo que existe na Terra
Habita em um polo ou outro do mundo.

Tanto o claro quanto o escuro
Pra tomar forma
Precisam coexistir.

O sagrado e profano
O vestir e o despir
Uma moeda e duas faces
É o dilema da existência
Oscilando entre o ir e vir.

Entre o feio e o belo
Do Sim, Não e do "eu quero"
Entre a bigorna e o martelo
Se encontra a arte trabalhada em metal.

E a maior reflexão
Aninha-se entre a pausa
Da loucura e a razão
Transformando a confusão
Em música de valsa.

No intervalo entre o início da vida
E o começo da morte
Acontece a dança da recreação
Em um palco intenso de interação
Criam-se os caminhos da sorte.

Algo que nem a vida ou a morte
Podem nos dar ou tirar
Aquele intervalo que nasce
Junto do sonho e do realizar.

Elino da Silva

Professor, poeta e escritor, mestre em Educação,
graduado em Pedagogia e Educação Física.

As labaredas
Consomem os sonhos
    Nas coisas adquiridas
    No trabalho
Das mãos sofridas.

Aprendemos com as falhas
    Precisamos disso
    Ficamos perdidos
Sem a Proteção de Lá...
Estaremos sofrendo no rigoroso inverno
    Das almas...
Estamos poluídos
    Somente a Água Limpa
Da Virtude Divina
Nos purifica.

Plantamos sementes

Sem saber
       E vamos colher esses frutos...
Aparentemente ficamos marcados pela vibração
Pensamos que estamos bem
E refletimos como o espelho
       Até podemos parecer o do lado de cá
       E pagamos um preço por isso
       Evidências?
Os elementos são fortes para nos destruir
       Os prisioneiros não toleram os livres...

Das caras amarradas
Tristes acabrunhadas
Sem saber sorrir
Inseguras e... com medo dizem: "Não estou aqui para brincar"
Doentes
Carregando mágoas... pânico!
Esquecem as palavras
Esqueceram de rir
De brincar...
Buscaram em outra fonte
Leram e continuaram arrogantes
Creio que Deus tem pena delas
    Nem vivem seus dias...

Todos se ajudam
Encontrá-los
Para comemorar
Como irmãos fraternos
Sem o tradicional rastejo pedinte
Cada tribo com seus pares
E todas as tribos uma só... mais próximas uma das outras
Alguns dirão
Que não é possível
Estão sem credenciais e não podem seguir

A Esperança ainda vive cheia de Graça
Somos crianças...
Acreditamos na vida... no Futuro!

Ficamos adultos... mentimos
Acreditamos em gravatas e em ternos escuros
Aprendemos a gostar de dinheiro
Esquecemos as regras...
Enquanto estamos com eles não seremos salvos
Continuamos sendo usados!

O que houve com teu coração?
Breu...
       Pediu amor
       E o que devolveu?
e...
Só pra te avisar
       Não esqueci!

Estamos morrendo e... o que fica?

Fragmentos

Ter um lar pra definitivo

Esquecemos tudo o que apreendemos

Sobre a Vida

       Ficamos religiosos e negamos os outros

       Testamos tudo nos laboratórios

Menos a generosidade

Sabemos lindos poemas sobre a vida

E sem solidariedade

E fingimos felicidade

       Mesmo vivendo nas sombras doloridas

       Fingimos!

Gostamos de ter dor

       Moremos de diagnósticos...

Esperança
E as nuvens escuras do final da tarde
Esvaindo
Nos acordes doce da viola
Na passagem rápida dos objetos
Sem torturar-se
Apenas aproveitar a vida
Seus momentos de ternura e de encontros
Descobertas
Sonhos
Encontrados e acalmados nos enlevos
De chegar
Nos teus abraços
E sem medo de ir embora!

O grito sussurrado
Da morte bandida... nem tanto assim
      Mas que vem libertar
      De um passado sombrio
Sem brilho
      Vivendo morto por dentro
Suicídio
      Apenas o brilho do caixão funesto
      E queria sempre ter razão.

Dava-lhe hoje o colorido que nunca teve...
      Indicava-lhe a estrada e negava-se a seguir
      A morte dava-lhe medo.

      E seus amigos não vieram lhe ajudar!
      Acabou o poder!

Os rasgos na minha pele

Feitos pelos bicos dos teus seios
Marcas com prazer
Doloridas pela ausência hoje.

Feitas nos encontros furtivos nos lençóis macios...
provocantes
... no colchão macio!

No dormitar tranquilo das manhãs de
domingo!

Hoje
Feridas abertas da saudade deixada

Pela audácia macia dos teus belos seios!

Mas... ai que vontade de gritar

Bem mais alto que a dor!

Outra vez
Nos impingiram sofrimentos
Enganando como enganamos as crianças
Com histórias mal contadas – falsos doces que adoecem o corpo

Desejam que o mesmo perpetue-se na existência
Já efêmera pela própria vida – precisamos sofrer!

A felicidade pode ser um vício
E desejam que adoremos o sofrer

Desejam que morra vazio como cheguei

Mas minha busca é maior
Meu riso é mais forte
Que sua grotesca fala –
Sem nenhuma beleza
Apenas inferior...
Como toda a sua corte e com os bufões que te rodeiam
Venci a Mente –

No delírio que teus olhos me proporcionam
Quero mais desse veneno

Luxuriante...
Quem diz ser pecado
Não amou de verdade

Esse sim
Peca –

Olhos de menina
    Ao luar
    Me fazem sonhar com estrelas além do teu gosto

    No cotidiano da rua
    Pedindo
    Implorando

    Sonhos quase desfeitos pelo poderio dos outros
    Do dinheiro
    Do poder...
    De estar no alto do pódio

    Olhos de menina
    Criança
    De roupa suja

    Junta os restos do progresso
    Do desenvolvimento que veio para os outros

    Olhos de menina
    "... mas não querem nada com nada..."
    Aprendeu a escrever...

    Sonha ao luar vendo as luzes brilhando na noite fria
É!.. a menina e a democracia

O Amor transforma
É mágico...
Com seus olhos de Cristal cintilante
Penetrantes e atraem como imãs com intensidade
Compassivo
Seu manto de proteção é a Alegria
Espiritualidade elevada
Com sua Luz acalentadora e esclarecedora
Missioneira conduz
Para que não sofra com a transformação brusca
Evolutiva
Pois sempre é pouco tempo para aproveitar a vida ao seu lado
Retira-se
Da falsidade... da competição... do medo

E por vezes insuportável estar perto de uns
A sua vibração é diferente
Muita paz emana da sua vibração

Fizemos por sofrer
Sem humildade cada vez mais vazios
Seres tristes
E com silêncio
E mostra o pior de cada um

Muito mais na hora da Morte terrena
Rumo a Espaço Milenar

Já sabíamos a resposta antes
E sabíamos do que nos esperava
O Infinito me seduz

Senti profundamente tua partida
Aprendendo!

Lançada a semente boa na terra nova
Enchem os celeiros

Para os puros de coração...

A saia desfila
No teu corpo
Calçada abaixo...
Suspiro!
Viajo pelo Cosmos!
A saia... emoldura a candura do corpo juvenil
Sedento de encontros
Proibidos...
Mas sonhados!

No patamar da escada
A luz realça o bumbum perfeito
E na troca dos degraus
A dança sensual das partes onde o sol não penetra
Provoca cada vez mais
O desnude
... da saia provocante
   Somente um nome para isso: EXUBERANTE!

O temido dia chega
A temida hora um dia também chega
Os últimos aprendizes também passaram por isso
      Mesmo tentando escapulir
      Somos errantes perambulando

Compreendo-O!
E infelizmente algumas promessas não podem ser feitas
Não é tão simples assim
Honra?
O que sabes sobre isso no mundo de hoje
E a vida nunca nos engana...
A Inocência e a Pureza nos leva ao Amor
Um pouco de cada um desses pode enfrentar
todo o mal do mundo
Mas isso não é para qualquer um

      Esse é um lugar reservado!

Nosso lar
Deteriora-se
Nem respiramos mais saudáveis
Com menos oxigênio

Nem podemos
Abandoná-lo
Como já fizeram alguns
Sim...
Queremos encontrá-lo novamente
Não nascemos para morrermos aqui
Seremos só memórias

Somos forjados
Mais na negatividade e dominados pelo Ego
Por mais resistente que a porta seja
E por mais que tentamos abri-la pelo lado de fora

Sabemos que ela somente abre por dentro

Assim também foi com as Nações que se fecharam

Esteja pronto... as respostas virão
Somos mortais e construímos... inventamos... sonhamos
Por vezes mesquinhos nos detalhes

A Liberdade vem quando abrimos a Porta por dentro!
E a dívida for paga

Janete Graciolla

Sou Janete Graciolla. Nasci em Encantado – RS, em 26 de junho de 1972. Escrevo desde a adolescência, para concretizar sentimentos, realizar sonhos, emocionar corações sensíveis. Minha inspiração vem das pessoas que passam pela minha vida. Minha eterna gratidão aos meus pais, Avelino e Mairi Graciolla, e aos meus filhos, William, Iago e Matheus.

MATE DA ESPERANÇA

Num domingo desses,
Frio, gelado...
Tu acordas e pensa que tá tudo errado.
Então, tu encontras os amigos,
Ceva um bom chimarrão,
Esquenta o corpo, a alma, o coração!
Mateia enquanto 'papeia',
Faz uma prece pra que tudo fique bem,
Te lembras que tens saúde,
Tens família, tens amigos,
Um trabalho pra amanhã,
E aí, te lembra de agradecer a Deus,
Fica de novo feliz!
Oferece um mate...
Aceita?
Fui eu que fiz,
Com carinho,
Pra te esperar,
Conversar,
Agradecer!

MARCAS DO TEMPO

Nas mãos cicatrizes
Das rédeas do tempo
Que tentei segurar
Por vezes difícil,
Doeu, machucou,
Pensei em soltar.
Mas consegui,
Estou aqui.
Segurei!
Apertei!
As mãos resistiram.
No coração,
Buracos que alguém deixou,
Entrou e saiu sem recompor,
Não se importou com meus sentimentos,
Não sabe o que é amor.
Na alma, uma flecha,

Flechando a consciência sem saber o que fazer.
No rosto, as marcas do tempo
Nos olhos o sorriso...
Sim, o sorriso no olhar!
No rosto de marcas,
De sorriso nos olhos,
Uma boca que fala,
Que canta,
Que cala,
Porque não pode falar...

GRATIDÃO

Hoje eu quero agradecer a Deus pela vida,
Quero olhar pela janela
E ver os sonhos se realizando.
Quero olhar pro céu
E pra cada estrela dar o nome de um amigo.
Olhar pra rua e ver as pessoas dançando.
Quero ler um livro
E sentir todo amor do poeta.
Pra provar que a terra é redonda,
E que o tempo é a gente que faz,
Quero reencontrar as pessoas que deixei pra trás.
Hoje quero olhar pras crianças
E ver anjos e flores.
Quero olhar pra natureza
E colher frutos semeados na vida.
Quero olhar pro papel em branco
Escrever uma história
E pedir pra Deus escrever o final.
Quero entrar numa igreja
E viver o evangelho, não a religião.
Quero andar pela estrada e contar os passos
Não os quilômetros.
Quero trabalhar
E ser recompensada e não remunerada.
Quero deixar as certezas
E viver as verdades.

Não quero motivos,
Quero razões.
Quero olhar pra você
E captar do seu sorriso
O poema que não consegui escrever.
Quero deixar de existir
Pra começar a viver!

QUANDO ACABAR

No dia em que descobri que Papai Noel não existe
Acabou a magia do Natal.
No dia em que me contaram que nuvens não são de algodão,
Acabou a magia de olhar pro céu.
No dia em que senti o meu coração doer,
Acabou a ingenuidade pela vida.
No dia em que senti saudades,
Acabou eu e você.
E a vida vai acabando a cada descoberta...

ENTÃO É AMOR

Então eu senti saudades
Uma dor que eu não quero que passe,
Uma dor que aperta o coração,
Mas é bom.
Então eu senti medo,
De não mais ver você,
De não poder mais estar com você,
Medo do resto da minha vida.
Então eu senti angústia,
Uma sensação de não saber o que fazer,
De mãos amarradas,
Sem saída.
Então eu senti esperança,
De conseguir me libertar,
Do medo, da dor e da angústia.
Então eu tive certeza
É amor!

O DOUTOR E A RECEITA

Passando pra uma consulta ao cardiologista
Queixei-me de dores no coração.
Mas o doutor me disse que corações não doem.
Argumentei:
O meu dói, sim, parece que tem buracos nele
E ás vezes ele quer sair pela boca.
Mas o doutor diagnosticou que não havia nenhum
problema físico comigo.
Receitou-me um remédio difícil de encontrar
Disse-me das dificuldades que eu teria pra encontrá-lo
Disse-me que nem mesmo saberia o preço que eu teria de pagar.
Peguei, com coragem a receita,
Li e, ali, estava escrito
                    Seu nome...

AMIGO

Há quem diga que amigo é coisa rara
Mas é coisa séria!
Que é amigo do peito,
Da estrada da vida,
Que segura a mão.
Amigo, que se, não puder te levantar,
Se deita junto contigo
Pra fazer companhia.
Pois o que diz meu coração
É que é tudo isso e muito mais.
   Amigo é quem acredita em você.
   Amigo não precisa estar perto,
   Não precisa nem te conhecer.
   Amigo é quem presta atenção em você.
Pode ser da vida, da estrada,
Da infância, do peito, de agora.
Amigo é coisa séria,
Mas não é rara!

LAÇOS

A gente se perde na estrada da vida
Na busca dos sonhos
Mas não há estrada comprida
Que separe laços de amor
Laços de sangue, de família
O que o coração faz pulsar
Ninguém,
Nem o tempo,
Nem a distância
Consegue separar
A gente se reencontra e continua a se amar.
Que os laços apertem,
Não mais se desatem
Que os sonhos que buscamos
Possam se realizar.

SOBRE TEORIAS

Sobre as coisas que eu li,
Que alguém escreveu...
Sobre as coisas que eu vi,
Que alguém viveu...
Sobre as coisas que eu senti,
E ninguém viu
E ninguém viveu
E ninguém escreveu...
Sobre perder o teto e ganhar as estrelas,
Fechar uma porta e abrir uma janela,
Sobre as coisas óbvias,
Não funcionam comigo.
Sobre o que diz o poeta,
Sobre o amor,
Só se for o poeta sofredor...
Sobre a distância não separar,
Saber esperar,
A hora certa vai chegar...
Não vai funcionar!
Não é de ferro meu coração,
É de sangue que pulsa,
A base de emoção.
Na minha cabeça não tem um chip
Que se possa desligar,
Substituir,
Deletar...

Na minha cabeça tem lembranças,
Memórias
Uma vontade enorme de viver,
De amar...

SEM PUDOR

Não eram vermelhos, os olhos
mas deles saía fogo.
Não eram de mel, os lábios
mas eram de uma doçura.
Não tinham imã nas mãos
mas grudavam umas nas outras.
Não estavam cobertos, os corpos
mas suavam sem parar.
E um lugar qualquer era perfeito pra se amar.
Só não poderia ter plateia,
de todo o resto era perfeito
E quando caíam em si
o amor estava feito.
Não tinha censura,
era pura loucura
Não tinha explicação
amor, desejo, tesão
Os corações se falavam,
as bocas calavam,
os olhos se desejavam,
e o corpo reagia.
E ali se fazia o amor,
se fazia a vida.
Difícil era ir embora,
Mas levaram cada um o perfume do outro
e os corações trocados

pra não deixar rastros nem marcas,
não era preciso,
mas era segredo,
não era proibido,
nem era pecado,
mas era assim que haviam combinado!

SOBRE A FELICIDADE

Me perguntaram sobre
o que é felicidade
E eu, sem pensar muito respondi; na verdade,
é juntar pedacinhos de alegria,
é fazer alguém sorrir,
é um bom dia,
um abraço,
um carinho,
um aperto de mão,
uma palavra de motivação.
Felicidade
é estar em paz,
é um sonho pra realizar,
é colher uma flor no caminho,
andar com quem está sozinho,
é perdoar a quem te ofendeu,
pedir perdão até pra quem não merece.
Felicidade
é ter amigos de verdade,
um trabalho que traga dignidade,
é coragem pra enfrentar os problemas,
é comer pipoca no cinema,
é tomar banho de chuva e de sol,
perder o sono, amassar o lençol.

Felicidade
é poder dormir com a janela aberta,
chutar a coberta,
conversar com as estrelas e com a lua,
é poder dizer, meu amor; eu sou tua!
É ser simples e complexo
é poder gritar e silenciar sem dar explicação,
mas ter respeito ao próximo,
não machucar nenhum coração!

CONFLITOS

Tantas vezes esperança,
estás presente em minha alma,
determinada em meu coração,
Tantas vezes, desesperança,
me derruba,
me entristece,
me faz perder o chão,
me corta as asas,
rasga meu coração.
Tantas vezes, esperança perdida,
(daqui a pouco recuperada)
me sinto em conflito
numa esquina que dá pra dois caminhos,
um triste, outro bonito,
com você,
sem você,
eu posso escolher,
insegurança pra decidir,
esperança de acertar,
vou com você...
preciso acreditar!

CONVICÇÃO

Não vou mudar meu discurso,
nem mudar de ideia,
vou seguir meu caminho fazendo o que é certo
vou ficar do lado da justiça
vou amar intensamente
do jeito que o meu coração quiser,
vou lutar com as armas da paz,
vou comemorar em silêncio,
se você quiser poderá estar ao meu lado,
ou dentro do meu coração.
Não sei de todas as verdades,
mas as mentiras eu abomino.
Não tenho a pretensão de estar certa
mas se estiver errada,
eu volto e peço perdão.

VOCÊ FOI

Das emoções e sentimentos que já vivi,
você é a saudade mais gostosa
A maldade mais pura,
A malícia mais ingênua,
As palavras mais doces,
O sorriso mais fácil,
O adeus mais difícil,
O amor de verdade.
Vou me permitir pensar em você
sempre que o coração sentir vontade
Vou acordar do sonho sempre depois
de ter te encontrado.
Vou usar suas palavras
pra escrever os meus versos,
Vou deixar você, pra sempre no meu coração!

MENINA

Menina bonita dos olhos cor de céu,
de céu em dia de sol.
Menina bonita dos olhos cor de mel,
de sorriso doce.
Menina bonita que tem a lua no nome,
Tem nos olhos o céu,
no sorriso, o sol
no coração, a luz.
Que encanta como a lua,
ilumina por onde passa,
aquece sem queimar.
Tem um sorriso angelical,
um riso contagiante,
uma energia vibrante.
Há uma alegria nela,
de amar o próximo,
ajudar aos outros,
de amar e amar.
Tem um coração de criança,
cabeça de mulher
e alma de anjo.
Menina bonita,
menina querida!

L. L. R. R.

ABRAÇO

E quando os olhos molhados
não conseguem traduzir o sentimento.
E quando as palavras não saem
pela garganta embargada por um nó.
E quando se perde o chão.
E quando se perde o ar.
Sufoca a respiração,
Quase se perde a fé...
E quando o calor esfria,
o frio queima,
o dia fica escuro
a noite se fica em claro...
É no abraço que a gente se fala,
a gente se cala,
junta os pedaços
e revela todos os sentimentos e segredos!

É AMOR

Pra que tentar explicar?
Só pode ser amor!
Não fosse amor,
não seria saudade.
Não fosse amor,
eu não chorava.
Se fosse só um momento,
passaria rápido.
Se fosse brincadeira,
cansava logo.
Se fosse passado,
não era presente.
Não fosse amor,
o coração se aquietava.
Não fosse amor,
eu não me preocupava.
Não fosse amor,
eu não faria poesia.
Não fosse amor,
a dor doía...
É amor!

AUTOBIOGRAFIA DE SENTIMENTOS

As pessoas que estão em meu coração
ficarão pra sempre.
Das que estiveram em minha vida,
algumas se foram.
Não sei dar nó pra prender,
crio laços.
A minha lista de amigos
eu faço a ferro quente,
pois sei bem quem são.
A minha vida é um livro aberto,
que poucas pessoas conseguem ler,
outras leem errado,
outras, nem mesmo se dão ao trabalho.
Eu e minha coragem de acreditar nas pessoas,
nos sentimentos bons,
na amizade pura,
no amor sincero.
Mas existem páginas que somente DEUS consegue ler.
ELE lê e traduz pra mim,
e me mostra uma realidade muito melhor do que eu imaginava!

Buscando ser cada vez mais feliz,
aprendi que é preciso observar mais,
que não sei de todas as coisas,
que humildade é fundamental,
perseverança, essencial!

Que no coração, há que se trazer amor,
na cabeça, bom senso,
nos olhos, verdade,
na mãos, flores,
no peito, bondade,
no sorriso, carisma,
asas nos pés!

DEUS NO COMANDO!
Não preocupar-se com que os outros irão enxergar,
(isso é problema deles).

Naturalmente...
A felicidade se manifesta.
Estar preparado pra entender.
É preciso coragem pra absorver rejeição,
atitudes de admiração,
gestos de doçura...
Você vai deixar saudades e boas lembranças!

Maria Inêz Frozza Borges dos Santos

Catarinense, reside em São Miguel do Oeste – SC. A escrita, a música, o teatro, a literatura são fontes de inspiração, uma paixão que evoca os sentidos da alma e se traduz em poesias e contos. Pós-graduada em Práticas Pedagógicas Interdisciplinares e Garantia de Direitos, especialista em Educação de Jovens e Adultos, psicopedagoga clínica e institucional, professora graduada em Letras Português, Inglês e respectivas Literaturas.

NOITE

A noite escura se mostra assim
Vaga, silenciosa e triste
A lua não surgiu no céu
Escondida entre as nuvens
Observa os amantes
Entre os lençóis
Eles na maratona esportiva
Desdobram-se e se beijam
A noite continua sua jornada
O amanhecer surgirá em breve
Os lençóis são estendidos
A janela se fecha
O dia recomeça

SAUDADES

Uma angústia passageira
Que foge ao ouvir sua voz
Seja do outro lado – por um fio
Ou num vídeo antigo guardado
Você traz a luz
Renova esperanças
Traz presente os momentos
Renova e me seduz
Sem você a vida não sorri
A noite fica sem luar
E o sol perde o brilho
Sim, saudades... Doída de sentir
Cavoca na alma para encurtar distâncias
Faz com que a morte seja desejada
Leva-me a querer partir e não voltar
Saudades... Saudades...
Quanta saudade você deixou para trás!

CAMINHOS

Sol, sal, água...
Areia molhada
Das ondas maiores
Ela espera
Ela sofre
A melhora que não vem
A dor é doída
A escolha define
O que deve ser feito
A vida se mostra
Desnuda e crua
Abrindo horizontes
Fechando portas
Jogando pedras
No meio do caminho

PRESSÃO

Ação de desaceleração do movimento
Entusiasmo cansado e triste
Esperança vazia sem motivação
Vida em desequilíbrio sem sal
Mente vaga descrente de tudo
Presença da dor constante
Desesperança no amor, na vida
Facilidade em desistir sem insistir
Uma espera sem fim
Que leva depressa ao fim
Há pressa do fim
Depressão

FIO

A ventania traz o medo
O correr das folhas soltas
O balançar dos pensamentos
O medo evoca a fobia
Guardo-me em mim mesma
Escondo meu pavor sem fim
Tranco portas e janelas
Tenho medo... Pavor... Amor
Grito, ninguém me ouve!
A ventania só habita em mim
Briga com meus sentimentos
Encarcera-me cada vez mais
E as grades se estreitam fechando o espaço
Entre a vida e a morte súbita
Sem um fio de esperança
Lentamente, sem temer
A navalha percorre profundamente o meu pescoço

VOZES

Na mente vazia surge o desenho
Aparece o caminho mais curto
A solução mais lógica para o instante
Aquele instante!
O final do sofrer em vão
O destino de quem na multidão se vê só
E só... Continua sua busca
Deseja imensamente
Acalmar o desespero incontido
Evoca o silêncio das vozes que só ela ouve
Descarta a vida e abraça o fim
Na ânsia de apenas parar com a dor
Não sabe explicar, nem pode entender
Suas forças se perdem ao cair do banco
Transfigura-se com muito esforço
Mas liberta a sua alma
E sai do casulo

MULHER

Olho no espelho sem entender
Ergo os olhos e vejo a menina
Fecho os olhos e vejo a mulher
Abro os olhos e vejo esperança
Dentro dos olhos de você
A imagem que reflete no espelho
Mostra uma desconhecida
Mas traz traços de alguém conhecida
Na dúvida... Os sulcos não confirmam quem é
Ahhh o tempo saberia dizer
Sim. Ele a conhece desde o início
Ele a acompanha em todos os passos
Ele a viu menina e hoje a vê mulher
Sábio tempo que tudo codifica
Até a imagem no espelho
A menina que se transformou em mulher

MOMENTOS

Ontem quis comida
Ontem quis bebida
Ontem quis você dividida
Hoje penso que sou eu
Hoje amo incansavelmente
Hoje desejo ardentemente
Agora quero água gelada
Agora quero flor de alecrim
Agora quero cheiro de amor
Amanhã é incerteza pura
Amanhã ah, se eu viver...
Amanhã vou querer tudo de novo
Amanhã desejarei ter você aqui
Depois do amanhã eu não sei
Depois do amanhã espero
Depois do amanhã quem sabe
Virá um novo ontem, hoje, agora
Eu apenas quero a primavera

SINTONIAS

Pressa essa de voar
Essa pressa de voar te leva
A pressa te leva a voar
Leva contigo a pressa
E sem pressa pouse em algum lugar
Voe para os confins da terra
Sinta a pressa do vento a soprar
Sopre as folhas que o vento leva
O sol, o vento, a pressa de voar
Não se desole!
Acredite!
Esqueça o inverno, o verão vai chegar

PASSAGENS

Tecla as letras no teclado
Bate forte e com pressa
Não há tempo a perder
Precisa deixar escrito a sua vida
Nas linhas da história busca a eternidade
Nas ações concretiza a vaidade
Tudo em vão, pensamentos vagos
Quando parte troca a roupagem
A essência é infinita e duradoura
Segue vestindo outras vestes

ELA

No metrô
Sabe tudo da vida e do amor
Canta canções, espalha a poesia
Leva pelo ar a alegria
Distribui a música aos ventos
Encanta até o pensamento
No metrô
Leva aos trilhos outra sintonia
Quebra paradigmas e cria
Expectativas de vida
No metrô
Oferece um novo olhar para tudo
Apresenta a simplicidade da vida
Num acorde humilde sob um muro
Cena comovente de um contraponto
O muro que se ergue imponente
E a música na voz tão potente
Pedindo ao mundo que ame
Que respeite, adote, abrace
Sem medida, linguagem ou cor
Mas viva a vida!

SENTIR

Frio e gelado se apresenta o inverno
Assim sinto o meu coração nesta manhã
Acordei com a sensação estranha de sua presença
No meu devaneio
Vi tua imagem refletida nas águas límpidas do rio
Ficou abaixo dos círculos d'água que se formaram
E foi sumindo na mansidão do leito
Juro que foi apenas por um instante
Mas eternizou-se em minha mente
Naquele exato momento
Senti minhas forças esvaírem-se
Sentei, senti e chorei por horas
Lembrei de você, de nós, do que fomos...
Senti o amargo sabor da partida, da ida
Da despedida, do desapego...
Enfim, depois de tudo
Desprendi de mim o meu eu exterior
Aprendi a ser quem eu sou,
Limpa, sem máscaras, sem medidas
Enfim entendi o que é a vida

HORA

O aviso chegou para todos
A hora demarcada ultrapassou
A medida do veneno foi guardada
E a hora derradeira se mostrou
Ontem pequena e frágil surgiu
Depois cresceu e se mostrou maior
Hoje chora e ri sem entender
Sabe que nada tem valor
Sai, compra, olha, remexe em tudo
Busca e não sabe o que quer encontrar
Ouve, mas não escuta nada
Abraça, mas não sente aquele amor
Deita na cama luxuosa e grande
Buscando aquecer o corpo, a alma
Os edredons são finos e não acalentam sua dor
No desespero em que vive ela espera
Saborear a pontada fria que lhe acertou
Sabe que silenciosamente lhe queima o peito
Quer parar, mas num frenesi intenso
Vai em frente e acalma a sua mente
Já não sente solidão, nem está só
Nem tampouco responde aos questionamentos
No entanto os paramédicos se desdobram
Na vã tentativa de mudar o percurso
Querem desesperadamente estancar o rio de sangue
Que corre livremente sobre seu corpo
Agora também liberto

CONVERSAR

Eu tenho pressa
Eu preciso conversar
Quero VERSAR COM pessoas
Necessito libertar minha garganta em fogo
Abrir o labirinto que me invadiu e se trancou
Despejar meus 'ais' e 'uis' do cotidiano
Procuro alguém para conversar
Mas algo humano e que esteja aberto para a escuta
Alguém que se doe ao próximo
Caso o tempo passe e sem querer
Você não perceba o mal que me corrói
Peço que entenda quando tudo acontecer
Mas não se culpe, não se renda
Fui eu que causei tudo isso
Busquei a solução no isolamento
Arquitetei cada passo com lentidão
Sabia que não seria fácil ir até o fim
Senti medo, senti pavor, senti desamor
Porém era necessário fazer algo
Tomar uma atitude derradeira
Mudar aquele curso repetitivo
Contornar o rio de lágrimas que me afogava
Buscar uma saída, um refúgio, um final
Tentei algumas vezes, adiei por vezes
Mas a hora chegou
Enfim a respiração parou

UM MOMENTO

É registrado na lembrança
Eternizado no coração
Conservado nas memórias
Não importa a distância
Nem tampouco o tempo
A saudade traz à tona
A amizade e o amor
Revela sentimentos
Eclode emoções
Exige de cada um o que lhe cabe dar
Mas sabe que aos poucos todos podem
Um pouco de tempo e atenção doar

AMIZADE

Andar sempre sem parar
Mitigar amor e atenção
Induzir o coração a sonhar
Zunir sons de alegrias infinitas
Adorar o inevitável, o novo
Desejar aquilo que se pode ter
Esperar para ver tudo acontecer

Andar sempre sem parar
Muitas vezes perdida em sonhos
Infeliz tentando mudar o mundo
Zombada pela ousadia alheia
Agora desiste de tudo e de todos
Dispensa comentários e ironias
Está sempre atenta acreditando

UM

O calor do verão aquece tudo
Até os pensamentos congelados
Aqueles que já envelheceram
Assim também adiante se vão as memórias
A galope na velocidade do vento
Que sacode, circunda e movimenta
Transborda a divisória da lucidez
E, sem nada a lhe inspirar
Velozmente segue a mente atormentada
Por tristes saudades, por alegres conquistas
Sem sentir, segue a vida o cantador
Balançando, o corpo inerte continua a esperar
A cura, o amor, a salvação

TOSSE

É a mesma rotina derradeira
Todo dia pela manhã ela se repete
Me acomete e enlouquece
Ataca furiosamente e entorpece o peito
Arde a garganta e ensurdece
Água, café, mel, melado, chá, xarope...
Nada resolve... Não acalma a maldita tosse
Ela me persegue, parece com os meus pensamentos
Instiga, cutuca, quer arrancar as mazelas
Desencadear emoções
Relembrar traições
E, num breve momento,
Apenas quer revelar que eu esqueci de sonhar

DEPRESSÃO

É relapsa e fugaz quando se trata de se entregar
Contorna os vazios da alma na busca por sua calma
Não percebeu em que lugar ou hora a perdeu
Sabe apenas que sozinha vaga na escuridão
A luz no final da caverna é a que sai do seu casulo
É a mesma que provém dos seus pensamentos mórbidos
Aquela que incentiva seus devaneios
Incrementa a poluição sonora que só ela ouve
Desperta seus mais íntimos instintos
Provoca ânsias, agonias e vômitos
Desfaz qualquer esperança
Destrói a história construída a quatro mãos
Por um instante tudo se desfaz e a calma volta a agir
Sua mente sã a torna humana, gentil
Contrariando conceitos preestabelecidos
É apenas ela, sem máscara, sem rodeios, sem dor
Um fio finíssimo de esperança surge a sua frente
Agarra-o. Sufoca-o.
Quer alcançar a paz
Canta, dança, conversa, estuda, medita
Tem pressa para viver, quer comer, saltar, amar...
Tudo em vão! Ela voltou!
A luz apagou, a fome passou
A corda foi pendurada
O corpo se desprende da vida e voa em busca do céu

OLHARES

(Homenagem a Quintana)

Na busca por amor, flor, misericórdia e paz
Sigo apressada, indo em frente sem pensar
Na 'Rua dos cataventos' vou andando sem parar
Porém, nem sempre, confesso, enalteço o mar
Mas, em todo momento, me lembro de amar

Ao 'Quintanares' tudo pode ser possível
Porque a alma viaja na memória poética
Traduzindo dores, amores, desapegos
Tudo leva a sonhar, na ânsia eterna de amar
Então, se 'Cantares' repetirá ecos do coração

Na tarde fria de inverno badala o sino da Catedral
Anunciando a boa nova que virá
Trazendo calmaria, aconchego e outro olhar
Sabe-se que o verão logo chegará e
Que também 'Quintana' ressoa pelo ar!

DESEJOS

A mente atormentada
A cabeça latejante
O coração sentindo
O desejo surgindo

A esperança existindo
A espera desesperando
O momento pedindo

Implorando
Ensejando
Pedindo

Justiça!

Marcelo Bonadeu

Sou metáfora
uma **massa** de afetos.
Um fluxo que acontece
na duração de cada instante,
recebendo contorno
de psicólogo e poeta...

Naturalizar o não natural não o torna natural.

Dominação ideológica não é liberdade de expressão!

A ditadura e a dentadura são da mesma geração.

Como ser justo e flexível?

Preguiça é Pecado! Agora, Vadiar é Virtude.

Um dia todos vão. Se mesmo sabendo que um dia todos vão morrer, para muitos, ainda assim, a vida é sem sentido. Imagine o quão desprezível seria uma existência eterna?

Alongar-se para alongar a vida.

Ao sentir que estás no lixo, recicle-se.

O que é a maldade além de falta de inteligência?

O não conhecer-se impossibilita o construir-se!

O poeta é artista e pensador!

Se sentires que não me soltei. Talvez você tenha 'me amarrado'.

Correr dos riscos já é risco.

O sexto sentido é saber usar os outros cincos.

O conSUMISMO nos fez confundir o processo do envelhecer com o 'enfelhecer'.

É meu braço direito, contudo sou destro.

Tenho medo de me arrepender por não fazer algo quando ainda é tempo.

Sujeito que se sujeita vira objeto.

Como não compreender esse outro, se sei dos meus erros?

Sinto tristeza. Sinto-me desrespeitado pelo outro, mas onde está o meu próprio respeito?

Lá tem metal, METAL LÁ TEM!

Na competição todos perdem, se o que motiva é a autoafirmação. Contudo todos ganham no desapego ao comodismo.

O belo é o poder que pode ser olhado.

Tudo vale a pena, pois as penas têm diferentes valores.

Se não fosse o que vem depois seria perfeito.

Se ocultar só é culto quando não se é culto.

Se você mudar não vai mudar!

O pesadelo é tão grande, que qualquer possibilidade vira sonho.

O fim da violência contra a criança, adolescente, mulher e idoso não pode ser uma luta, pois luta também lembra violência.

A irresponsabilidade é responsável pela irresponsabilidade.

Tudo o que me falta, posso encontrar em mim mesmo.

A única maneira de mudar o outro é colocando um esparadrapo nos lábios.

Em que vai ser diferente se o mosaico é o mesmo?

Quanto mais real for o sonho, mais sonho ele será.

Os adjetivos não são substantivos, são verbos.

Dizem que os poetas mentem. Mas quanto tempo dura a verdade dos que falam a verdade?

Não é só a escuridão, o excesso de luz também cega.

Qual a diferença entre rir de tudo e rir de nada?

Se nos tiram à hipocrisia, o que nos resta?

Eu queria uma flor com meu nome.

A gente não é agente, embora todo agente seja gente mesmo não sendo a gente.

Toda verdade têm prós e contras.

Saciedade não é felicidade.

Infelizmente, o ascetismo é confundido com "acertismo".

Em algum momento todos te amaram.

Posso perder a batalha e até a guerra, pois o meu objetivo é outro.

O mais importante não é o gás da coca ou a última bolacha do pacote, mas os últimos suspiros!

Acorda/não pega essa corda, do contrário não vai mais acordar!

Se voar, revoe com os pés no chão!

Nem capitalismo, socialismo e/ ou comunismo provocam o "sumismo" do ser encontrado no consumismo!

Mesmo sendo tão lento o poeta consegue antecipar o que estamos a procurar!

Antigamente, para não ficarem 'para titia', as moças faziam simpatia, mas basta simpatia!

O que vale a pena? Não sei, minhas penas têm seis letras.

Sou filho da bela e nasci no esplendor!

Abrir mão do presente em nome do futuro é abrir mão do presente e do futuro.

Ser rei, serei se errei!

Quanto mais leve for a viagem da vida. Mais se aprenderá com as bagagens e menos se tornará mala.

Ter ou ser? Não sei. Ter é possuir e quem possui, possui ou é possuído pelo ter que possui? E o ser só é ser quando deixa de ser!

Espero que tenhas percebido. A vida não é estática! É estética!

Nada é tudo! São inúmeras as plantas crescendo em jardins diversos formando versos.

A verdade está verde, portanto, logo ficará madura.

Acredito em tudo, só reservo uma vírgula um espelho para refletir.

Ao não falar/Não desabafo, portanto, meta fora/Metáfora.

Pensei ter descoberto a cor da melancia, animei-me! Ao refletir novamente cobri-me de dúvidas!

Ninguém é perfeito, mas não só porque erramos, mas sim, pois há muitas maneiras de se fazer o que é perfeito.

Ouço tantos idiotas: 'mulher é igual à música, só faz sucesso enquanto for nova'.

Que tipo de música é essa que envelhece? E o tempo não nos "enfelhece".

Decidi reciclar-me, coloquei-me numa peneira, a tela estourou, agora estou liberado.

Todos buscam o que busco, todos trilham esse caminho, se é a busca de abacaxi, banana ou laranja, que diferença faz?

Não vou lutar contra, posso ganhar, posso perder, apenas questiono, o que significa o ganhar e o perder?

Quando observo uma planta a contemplo! Mantenho respeito pelas flores, mas por mais bela que seja questiono: é natural?

Em nome do egoísmo

a natureza não é OUVIDA

o que queremos

ego OU VIDA?

A primeira vez que comprei laranjas
até sonhei...
estavam no pomar, maduras, vermelhas...

Se saio na rua
se permaneço em silêncio
vejo o que não vejo
qualquer vulto volta
a cena é a mesma
tenho poucos anos!
É só um rascunho!

Nenhum de nós é Engenheiro. Porém, a Legião é Urbana! Queria ouvir Sepultura e o que vejo?

Mudo o mundo se não ficar mudo,
se não ficar mudo, mudo também!

Se ficar mudo ainda assim mudo o mundo,
mas não mudo o mudo!

Eu devia/Ainda devo! E o credor creio que sou eu.
Me sinto um peixe fora da água, mas que diferença faz?
Se sinto é porque estou vivo, se estou vivo já estou resistente
Gosto de brincar com as palavras, os significados
e significantes nos fazem ir além.

Nunca entendo o motivo
de querer esgotar um assunto
fico pensando no odor,
que tem o esgoto (amento).

Por vezes culpamos os peixes
pela poluição das águas!
Já ouvi gente importante dizendo
a poluição das águas
é decorrente dos dejetos "peixanos".

A bela já dizia/o azulejo é belo
e é tão simples de limpar, porém é frio!
Frio igual as pessoas que não
cumprimentam nem se despedem,
a fim de se fazer o encerramento.

Até antes de ontem era homem de coragem...
Mas depois que conheci o WI-FI
como não acreditar em espíritos?
Passei a acreditar até em Papai Noel
sei que é só a roupagem, máscara e maquiagem,
mas é o que mais damos valor!

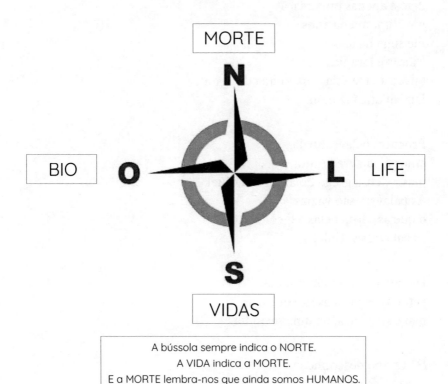

A bússola sempre indica o NORTE.
A VIDA indica a MORTE.
E a MORTE lembra-nos que ainda somos HUMANOS.

Posso ser péssimo escritor,
mas se souber ler
o que está implícito,
se surpreenderá,
talvez consigo mesmo!

Gosto do simples
falar errado, escrever errado
as palavras não dão conta dos afetos
não me importo com a concordância
verbal, nominal e acentos!
Mas me importa ter concordância com o que estou sentindo.
Não é apenas uma maçã
me alimenta há anos
me suga há anos!
Maçãs e laranjas
talvez a vida seja uma salada de frutas.
Dizem que faz bem!

Procurei palavras belas
amor é palavra bonita
mas a deusa grega do amor era cruel.
As palavras são vazias
o que as torna belas é o contexto,
as palavras vizinhas!

Há músicas que são poesias
já todas as poesias são músicas
não é só a letra, há uma melodia.

Há tempo desconheço
a razão de ser invadido
por essa angústia,
não consigo fechar suas portas.
Aí me fecho.

Como não derramar uma lágrima?
Não sentir saudades! Por tudo o que VIVI, sim senti:
Ódio, nojo e até raiva, ilusões e desilusões, medo, frio e fome...
Mas isso não impede de dizer, valeu a pena. Penas com as quais
voarei.

Ainda só tenho o amanhã,
mas não tenho só isso
tenho tudo o que passou
e o depois do amanhã.

Viagem longa
até o sotaque do andar é diferente,
por medo de ser roubado
escondi-me
e ali fui roubado!

A 'm-água' provoca
água em dois olhos
que formam rio
quando o sujeito
fez tudo, menos riu!

Lavar, culpar-se, dizer nunca mais. Porém no primeiro piscar
tudo se repete, essa é a revisão a p-revisão.

Minha mãe sempre foi simples, simples, mas bela!
Simplicidade até na escrita, esquece os acentos, se alimenta de letras
e ao escrever gol, escreve 'col', imagine ela escrevendo médico/
mendigo.

Adornamos enfeitamos
enfatizemos o exterior
a beleza exterior
a viagem no exterior!
Mas a gênese de tudo
está no interior.

Arlei, Darlei, Dirlei,
Virlei, Varlei vão à lei
Pedem justiça!

Quando percebo
falando daquele jeito suave,
voz perfumada.
Começa a fazer sentido
rendo-me!
Pode ser diferente.

Senti-me pequeno
humilhado, ajoelhado
pedindo ajuda ao inimigo.
Quando chegou a hora,
o momento a posição,
surpreendi-me.
Tive medo da CONTA-minação
foram várias vezes
novamente me surpreendi!

O adolescente não é burro
para ser chamado de 'aborrecente',
mas, sim, vítima dessa sociedade
doente pelo consumo
que os deixa 'adoecente'.

A palavra mais bela
é 'dolorir'
verbo inexistente
dor e rir.
Beleza e dor se confundem
e a humanidade acontece!

Mesmo sendo verdade, que só contamos as horas ou os dias
quando aguardamos algo especial, o minuto que estou vivendo
não merece ser apenas moeda de troca
ele tem vida própria. A minha!

Quando era pequeno
meu pai comprou bananas
'foi o único dia que levei lanche comprado'.
O lixeiro estava sujo.
Havia uma floresta e ali depositei,
o professor viu.
Meus colegas me auxiliaram,
mas até hoje não encontramos,
se encontrássemos ia para o lixo.

Ainda é uma luz,
luz bela.
Mas já não ilumina
mais minhas noites.
Talvez por isso,
ilumina até os meus dias.

Não compreendo o motivo
de condenar o banho Maria
se é só assim que se faz pudim.

Detesto a palavra proativa (o)
é precipitado se achar inteligente,
transformar todo limão em limonada.
Será apenas essa a serventia do limão?
E o tempero a caipira?

Até posso dar um suporte
agora para luz acender
precisa garantir a energia
e a lâmpada.

O dinheiro tem muito valor
o maior deles
está na semelhança com os humanos!
Pode estar amassado, rasgado,
sujo ou molhado,
se não for falso
terá o mesmo valor.
E o que mais me admira
está nas moedas,
nunca vi um níquel falso,
pois sua matéria é maior do que aparenta ser.

Apesar de a pesagem
dos pesares, ser mais leve.
Apesar dos prazeres!
Apesar das vitórias!
Apesar do encantamento, dançando etc.
Apesar da pesagem, passagem dos prazeres
serem os melhores,
há espaço para a angústia,
a liberdade tem seu preço. O norte da vida é pagar.
Não querer mudar
é como não mudar
uma planta
para um solo mais fértil.

Até a poesia
está se modificando.
Antes havia uma pedra
na beira do caminho,
agora há uns buracos.

Chega de silêncio
é só o silêncio que fala
estamos nos distanciando
em silêncio! Ou é o silêncio que nos une.

Por vezes acreditei
que se apenas uma vírgula,
estivesse fora do lugar
tudo seria diferente,
contudo, com todos
percebo que aquele quase
se repete e repete se
e muitas vezes
também repito. E não apito.

São muitos os pontos que
fazem com que escolha esse caminho,
e apenas um na outra direção,
mas esses desconsidero.

Nasci num rancho,
resido num rancho
ouvindo rancheira!
Me alimento do rancho mensal
tropecei no meu rancho e rachei-me,
agora somos dois
vivendo no mesmo rancho
rachando o rancho do mês.

Ainda me lembro
de quando criança
ao desobedecer,
era chamado de arteiro.
Pois bem, a arte é isso.

Carro, carona
caminhão, o caminho
bicicleta, bis.
Só não me lembra da moto.

A poesia é a coisa mais bela...
É literatura, mas seu sentido não é literário.
A vida é poesia!
As nossas experiências
da mesma forma são revivências.
Não é só o literário ou o litígio
sempre tem algo implícito.

Engraçado, passei por vários mercados,
lojas e até no verdureiro, andei por toda cidade
e não encontrei nada de graça. Quarenta dias depois
só não paguei a chuva e o sol, acabou saindo mais carro!

Tenho tanto dó de nós, brasileiros,
povo que não gosta de ler,
manipulado ideologicamente!
Sem investigação, sem reflexão! 87%
querem punir a pequena árvore
por crescer torta,
culpam a planta
e não a tempestade, a ventania
o solo arenoso!

Tenho tanto dó desse povo
que nem metáfora sabe entender,
concordo que não basta dar o peixe
porém, contudo
é necessário que haja peixes
suficiente nos nossos rios poluídos
pelo consumismo, o 'sumismo'.

Será um sonho? É muito mais! É realidade!
Quem falou que a realidade é maior que o sonho?
Ou o avesso, o verso?
O que os difere? Os fere!

Claro que é possível
viver 'só' de amor!
Pois o amor
é compromisso é cuidado é...
Que idiotice essa a de falar
'se o amor é verdadeiro aí...'.
Se for amor,
é óbvio que será verdadeiro.
O amor é igual à verdade, não sei se existe, contudo
necessitamos!

Desde menino meu pai
ensinou-me o sentimento de amar o Grêmio
emoção... intensidade...
Ah se pudesse escolher os resultados
que felicidade!
ganharia sempre!
Que agonia seria?

Apesar de as palavras serem vazias
dos sentidos
serem acordos
liberdade para mim é:
dois olhos, dois braços
duas pernas e duas rodas!
Não importando as cilindradas,
pois as sensações estão na paisagem.
A intensidade da realização desse sonho foi tamanha
que naquela noite nem mais sonhei!

Outro dia
passeando na praça
avistei um menino e o pai jogando bola!
O pai aparentava 46, o filho nove anos
pareciam tão felizes,
foi o primeiro momento em que senti brotar o desejo de ser pai!

Gosto da ideia de chover no molhado
a água sempre evapora!
Chover no molhado é quando
toda água ainda está ali
filtrando penetrando.
A preocupação é chover no seco,
pois as reflexões, as ideias
evaporaram, escorreram,
a mente estava fechada!

Sensações desconhecidas
sensações repetidas, sensações! Sensações intensas.
Tenho a sensação de que não sou uma pessoa
sou sensações...

Quais são os seus valores?
O que é um valor?
Valor é tudo o que tem validade
como uma roupa que aquece, protege,
contudo conforme crescemos nos apertam,
aí tem de escolher
crescer ou continuar com os valores?
Nenhum valor é universal.
Todo valor foi criado,
portanto, possui validade.
Toda formalidade merece ser revista.
Alguém me explica
Por que ainda se presta continência?

Gosto de comer, beber
de bebida sem álcool,
por isso prefiro os destilados.
Gosto da mesa
e principalmente o que está sob a mesa
a sobremesa
quando era pobre gostava de arroz doce,
hoje, ambrosia e pêssego
o açúcar da cuca.
Gosto de doce,
mas o que mais me atrai
é o recipiente,
o que gosto mesmo é do pires.
Do pires, eu ainda sou pires.
Embora não assine mais pires
o pires continua em mim.

O mês tem trinta dias
trinta e um, vinte e nove,
e ou não importa se for vinte e oito.
O que importa mesmo
é a porta que se abre no dia doze
o dia doze, o dia mais doce!

Quem diz que uma imagem vale mais que mil palavras não
conhece poesia, metáforas.
Não é justo ser folgado. Não há nada mais erótico do que a justiça...
Sou Marcelo, sou mar, sou celo e não cela.

Havia uma ilha, ilha bela
que se encontrou com aquele
aquele que não era padre, nem pedra,
mas Pedro
e nesse encontro se gerou o mar, o Marcelo.

Clenio Lago

Pós-doutorando em Educação pela Unesp/Marília. Doutor e mestre em Educação. Graduado em Filosofia. Professor permanente do Programa de Pós-Graduação em Educação da Unoesc – Mestrado em Educação. Autor dos livros *Experiência estética e formação: articulações a partir de Hans-Georg Gadamer*; *Locke e a Educação*; de vários artigos científicos e capítulos de livros. Um dos organizadores das coletâneas *Leituras de Nietzsche e a educação*; *Articulações entre esclarecimento e Educação*. Atua em temas de pesquisa no âmbito da Hermenêutica e Educação: estética, linguagem, conhecimento; Diversidade, Alteridade e Educação.

E-mail: cleniolago@yahoo.com.br

PASSAGEM

No coração seguir viagem
A poesia pede passagem
Sabe aonde quer ir
Mas não sabe aonde quer chegar
Talvez só queira viajar, viajar
Se despedir, se reencontrar, encantar
Criar, recriar – passagem.
Às vezes chega sem sair
Às vezes chega sem entrar
E entra sem chegar
Às vezes entra sem sair
Às vezes anda sem parar
Para sem andar
Que coisa, que coisa é viajar
Que coisa, que coisa é ficar
Onde quer que vá seminar
Talvez só queira conversar
Só queira perguntar
Só queira acalentar
A criatura criação
A criação criatura
A se recriar.... Passar.......

126

A VIDA

Na boca
Nos dentes
No coração
Na pele das gentes
A vida se faz a vida se sente

Às vezes fria
Às vezes quente
Às vezes nua
Às vezes crua

Nos tiros
Nas bombas
Nas esquinas das ruas

A vida se faz, a vida se sente
Nas mentes
Nos corações das gentes

A vida se faz a vida se sente
Ora menos
Ora mais demente

A FALTA

Tá faltando vida
Tá sobrando dor
Tá sobrando ódio
Tá faltando amor

Tá faltando vida
No olho das gentes
No coração dos crentes
Tá faltando vidas nos corpos doentes

Tá faltando vida
Tá faltando dor
Nos pensamentos das mentes dementes
No coração das gentes

Tá faltando vida
Ta sobrando dor
Por sobre os ombros
Nos braços
Nos traços
Não dor de abraços!
Dores dos cansaços
Das vidas sem vida, sem cor!

Tá faltando vida
Tá sobrando dor
Nos tombos
E tropeços
Nos inchaços
E nas pernas das cidades
Dos velhos e da mocidade
Que sem capacidade
Invade campos
Roubando sonhos
Os sonhos já roubados

Tá sobrando a dor das dores
Até dor sem dor
Tá sobrando horror

Tá faltando vida
Tá sobrando dor
Nos olhos e braços do terror
Segados de morte
A toda sorte.

Tá faltando vida nos
rostos,
Nos rastros da máquina
fria
Dos calculados
E programados.

Tá sobrando ódio
Tá sobrando dor
Tá faltando vida
Tá faltando amor!

OLHOS SINGELOS

OLHOS SINGELOS

Em olhares de
martelo
Quebram, pregam
Verdades de castelo

Olhares singelos
Singulares nos golpes
Das marteladas

Marcando carnes
Cavando pregos
Mentiras em
verdades
Pregadas
Nos corações
E na mentes

Nas mentes dos corações
Como subjetividades. Olhares singelos
A pregar verdades. Não tão verdadeiras, mas tão
certeiras, a acender fogueiras

DEPRESSÃO

As pressões
Parecem vencer
Parecem continuar
Permanecer
Até encolher
Para depois esticar
Engrandecer
Roubar
E engolir
Gigantes
Montanhas e rios
Sonhos
E mares.....
Olhares

Depressã/pressão
Pouca força
Pouca reação
Morte silenciosa do coração

DEVANEIOS

São do coração
São da alma
São do espírito,
São do corpo
Da razão

Desencontros
Encontrados conturbados
Movimentos loucos e fugazes
Atordoados

Loucos
Entediados em alucinações
Alucinados

Os devaneios das alm
Se, separados exister
Perpassam o corpo
São corpo

Da razão,
Devaneios do cor

São também da alma
Os devaneios do corpo
Em angústias/estilhaços
A rufar tambores

São dores
Horrores
Delírios
Suplícios

Feito razões em sensações perdidas
Encontrando-se e desencontrando-se
Em meio a devaneios do coração
Aos devaneios da emoção
Com suas razões tão poucas

CORPO

Corpo que chora
Que ri
Sente, sente
E ama

Corpo que enlouquece
Quase se esquece
Que é de anseios sementes
De emoções latentes

Corpo que é corpo
Sé é, porque sente
O frio e o quente
A língua e os dentes
O ódio e o amor
carentes
O tesão presente
O tesão presente

Corpo só é corpo
Por que pede
Quer
Por que deixa
E se queixa
Por que espírito é corpo

Em um único
instante
Meio afoito
Meio ofega
Cambiant
É lateja

SONHOS DE GIGANTES

Os dias dos gigantes
São dias tão pequenos
Neles não cabem suas vidas
Mas cabem seus sentimentos
Que não cabem seus instantes
Dias de gigantes
Os gigantes são tão gigantes
Mas cabem dentro dos dias
Dos ventos
Dos dias dos tempos.
Dos dias dos gigantes
Ah, se gigante fosse
Eu viveria,
E mataria o tempo

TERCEIRO MUNDO

Sou sonho desviado
De um sonho "retamente" sonhado.
Sou o raso do profundo
E o profundo do raso

Sou o mundo
O mundo do submundo
O submundo do mundo

Chamando
Clamando outras pegadas
Nos caminhos e estradas
Nas estradas desfeitas.
E nas estradas não feitas.
No mundo e no submundo
Do terceiro mundo
Um tanto raso e
um tanto profundo

Sou o primeiro
Do terceiro mundo
Sou o terceiro mundo
Do primeiro quarto mundo
Quase o quarto mundos
Na divisão dos mundos

Sou nada e tudo
Sou e nada e o sonhado
Tudo o sonho sonhado
Sou o sonhado a derivar
O não sonhos a sonhados
Em sonhos sonhados
outros sonhos sonhados

Marcado, com os pés mutilados
No encalço dos calços
Deixando pregar

A FOME

Quando come a presença.
Fica a sentença:
De ter comido a ausência,
O vazio da existência

Quando come a ausência
Fica a sentença
De ter comido a existência
O Vazio de essência

A FOME

Quando bebe
a **igualdade**
e a **diferença**
Fica a sentença
O Vazio cheio de

COEXISTÊNCIA

Efervecênscia...

NÓS DOS NÓS

Dos muitos "Ns"
Dos inúmeros nós
Nós de amarrações
Que atam e se desatam
Que se sobre e sub-atam
Que se entre atam
Num emaranhado de "Nós"
Uns maiúsculos
Uns minúsculos
Uns iniciais
Oficiais
Outros finais.
Nem começos e nem fins
Nem foras nem dentros
Uns pelo direito
Outros pelo avesso

Do reverso
Dos inícios
Dos começos
Dos versos e reversos
Dos muitos "**Nós**"
Alguns juntos
Nem todos sós
Mas todos **n**ós
De muitos "**N**ós"
Nem todos com "**Ns**"

PULSAR

Vim de longe para aqui chegar
Ver de perto o que aqui está
O que vejo?
O que aqui não mais está.
Pois foi para ali
Para lá
Acolá
Não pára de pulsá
O tempo voa
Para quem no tempo está
Ah! para este, não pára de pulsá
Mas quem no tempo não está?

ANGÚSTIA

Tudo parado, passando
Tudo passado, parando
Tudo parando, passado
Passei, passando, parado

Angústias de um tempo acelerado
De um tempo angustiado
De um presente futuro passado

Angústia, angústias tu pareces ficar
Nas cores
Nos corações a se alojar
Nos olhos me fitar

BELEZAS

Dentre as muitas belezas,
Belezas muitas
Belezas tantas
Belezas poucas
Belezas raras
Belezas caras
Belezas suas
Belezas nuas
Belezas nossas
Belezas vossas
Belezas e belezas

Dos olhares
Umas mais,
Outras menos
Todas belas
Todas singelas
Todas cinderelas

Nas avenidas
Ou arruelas
Nem todas passarelas

DESAFIO

Desafio de um jogo sem regras
Num jogo sem tréguas
Das regras mais cegas
Desafios das capacidades presentes
Potentes
Futuras
E dormentes
Das capacidades noturnas,
Diurnas
Soturnas

Desafios sem regras
Que deixa a gente temente
Ardente
Que deixa a razão bem quente
Desafios de cores
De muitos sabores
De muitos perfumes
De muitos volumes
De muitos cumes

Desafio de muitos desejos
De muitos cortejos
De muitos manejos
De muitos festejos
Desafios de desejos
De desejos tão quentes
De desejos ardentes
De desejos reticentes

Desafios de vontades acomodadas
De vontades atiçadas
De vontades mascaradas
De vontades reveladas/veladas
Desafios de um jogo sem regras
Onde Vale tudo
Menos trégua.

POESIA

O poesia se escreve

Com os olhos e os dentes

Das vontades latentes

Das vontades potentes

Das vontade mutantes

Vontades palpitantes

Os sonhos errantes
Sofre e vive
Em versos
Chora
Grita
Ri

......Poesia é inscrição. Não prescrição.....

ESCRITOS

Já fiz vários escritos
Alguns mais feios
Outros mais bonitos

Alguns feitos
Outros desfeitos
Quase todos no jeito

Alguns diretos
Outros indiretos
Quase todos eretos

Alguns implícitos
Outros explícitos
Quase todos suplícios

Alguns potentes
Outros carentes
Quase todos das gentes

Alguns variantes
Outros delirantes
Quase todos mutantes

Alguns suspeitos
Outros do peito
Quase todos perfeitos

Alguns dos seios
Outros dos meios
Quase todos anseios

Alguns delirantes
Outros viajantes
Quase todos desejantes

Alguns muito loucos
Outros tão pouco
Quase todos tão loucos

Alguns escritos
Outros ditos
Quase todos delitos.

LÁGRIMAS

Aqui choro
O peso da segunda
A dureza da terça-feira
A crueza da quarta-feira
Ah! A quinta já nem sei
Se amei ou odiei
Na sexta, eu bem sei
O cansaço que no sábado terei
E o domingo?
O domingo já se foi
Na segunda que se vem
E eu querendo ser rei
Nisso eu quase acreditei

CORES DAS FLORES

Das flores das cores
Os amores dos sabores
Os perfumes dos ciúmes
Os remédios das dores
Das flores das cores
O brilho dos olhos
O sorriso dos lábios
A felicidade dos corações
O estremecer das sensações
Das flores das cores
Vi nascer muitos amores
Vi brotar muitos horrores
Das flores das cores
Dos calores e frios
Calafrios
Arrepios

Das flores das cores
Os enfeites dos lares
Os enfeites dos altares
Os pedidos mares
Das flores das cores
O colorido da vida
Setas em vida
De vida de mortes
De mortes de vida
Todas elas mais
ou menos refletidas
Nas cores das flores.

STILO

Não sou Drumond,
Não sou Andrade,

O sentimento que me invade.

Talvez Quintana
Pessoa
Dias, fim de semana.